LES MÉTAMORPHOSES DU TERRORISTE ROQUES.

G. BERGASSE - LAZIROULE,

AUX CITOYENS

DU DÉPARTEMENT DE L'ARIÈGE.

Toujours, par quelque endroit, fourbes fe laiffent prendre ;
   Quiconque eft loup agiffe en loup :
   C'eft le plus certain de beaucoup.

LAFONTAINE. *Fable du loup déguifé en berger.*

ON fait circuler, avec profufion, dans le Département de l'Ariège, une chétive brochure dans laquelle je fuis défigné à l'opinion publique comme un des oppreffeurs de mon pays. Le nom de *Roques*, fous lequel paroît ce libelle, m'eût vraifemblablement difpenfé d'y répondre, s'il n'eût dû circuler que dans le Département de l'Ariège : *Roques & Bergaffe-Laziroule* y font affez généralement connus. Mais l'impudent perfonnage qui m'attaque a tout autre motif que celui de me nuire dans l'opinion de mes concitoyens : il n'ignore pas que cette tentative feroit vaine, & qu'entre lui & moi, l'opinion des honnêtes gens ne feroit pas long-temps partagée.

Roques a combiné, dans sa mauvaise tête, qu'une impertinente diatribe, hasardée contre moi, dans les circonstances actuelles, feroit quelque impression dans l'esprit des Membres du Comité de Sûreté générale de la Convention nationale. Ils m'ont déja rendu justice contre les téméraires abus des pouvoirs qu'il a commis en sa qualité d'Administrateur du District. *Roques* a espéré de pouvoir changer leur opinion ou de les tenir tout au moins dans un état d'incertitude sur mes principes & sur ma conduite.

J'avoue que sans cette considération je n'aurois pas cru pouvoir, sans m'avilir, relever en public les plates calomnies d'un petit brouillon politique, & me mesurer, aujourd'hui, avec un Démagogue effronté, métamorphosé tout à coup en ami forcené des lois & de la justice : mais je dois, aux Membres du Gouvernement que je respecte & que j'honore, & à ceux de mes anciens collègues, Membres de la Représentation nationale, qui m'ont témoigné de l'intérèt, le soin de justifier l'opinion qu'ils ont eu de mes principes & de ma conduite politique, & le témoignage flateur que j'ai reçu de leur estime.

Me voilà donc dans l'obligation de répondre quelques mots aux jactances & aux invectives d'un Hydrophobe révolutionnaire, qu'il eût fallu museler depuis long-temps pour le repos de son pays.

Cette tâche, je l'affirme sur mon honnéur, est une des plus pénibles que j'aie eu à remplir durant

le cours de la Révolution ; & il m'eût été impof-
fible de m'y captiver, tant je répugne à occuper
de moi le public, fans l'intime perfuafion où je
fuis que les réflexions que j'aurai occafion de faire,
pourront contribuer à rectifier en quelque forte,
l'opinion que des jongleurs & des empiriques dangereux, ont fi fouvent fauffé au gré de leurs paffions, de leur ignorance ou de leurs vices.

L'auteur du libelle, publié fous le nom de *Roques*,
commence à peindre ce perfonnage comme ayant
lutté avec courage, dans un temps d'oppreffion,
contre les artifans du crime, contre les auteurs &
complices de la dépopulation du Département de
l'Ariège, & notament contre les Commiffaires civils, qui font le grand champ de bataille où il a
cueilli tant de lauriers.

Si ce mérite eft réel, il faut avouer que le
Département de l'Ariège doit de la reconnoiffance
à *Roques* : eût-il même commis des erreurs & des
fautes, ainfi qu'il le confeffe lui-même, durant le
cours de la Révolution, elles peuvent paroître en
quelque forte réparées, par d'auffi éclatans fervices;
mais ceux qui, comme moi, ne croient pas facilement fur parole, doivent analyfer des proueffes,
dont le fecret ne nous eft confié que par leur
auteur.

Je vois bien, perfide *Roques*! que cette analyfe
commence à te faire trembler. Si le réfultat nous
mene à démontrer que c'eft toi-même, toi, dangereux Caméléon qui as conftament été l'agent le

plus actif de la tyrannie, que deviendront tes jactances ? & comment pourrons-nous te pardonner les fautes, les erreurs, les peccadilles dont tu qualifies ta conduite ? *Spectatum admissi risum teneatis amici ?* O mes amis ! pourrez-vous contenir votre rire, ou plutôt votre indignation ?

Eh bien ! cet examen ne sera pas difficile. Les circonstances où les Commissaires civils ont paru dans le Département de l'Ariège, sont assez frappantes, pour qu'elles n'aient point échappé à notre mémoire. Or, le premier objet qui se présente à notre esprit à cette occasion, c'est le citoyen *Roques*, un des Coriphées de la Société montagnarde de Foix, caracolant devant les Commissaires civils & devant l'Armée Révolutionnaire, & payant son tribut à la terreur, en offrant, à cette divinité infernale, les prémices des arrestations qui furent faites dans le Département.

Le Canton des Cabannes, sa patrie, fut le théâtre de ce premier exploit révolutionnaire, & le citoyen *Rozy* cultivateur, chargé de famille, Procureur de la commune de Bouan, la première victime.

Notre Sans-culotte *Roques* ne comptoit point s'arrêter en si beau chemin. Le Curé des Cabannes, le Juge-de-paix de ce Canton, & nombre d'autres citoyens auroient été incarcérés par ses soins, si les Commissaires civils eux-mêmes, n'eussent été étonnés de la facilité avec laquelle il se jouoit de la liberté de ses concitoyens, & n'eussent mis un terme à la fureur qu'il témoignoit pour la réclusion des gens qui lui paroiffoient fufpects.

Il eft vrai qu'à cette époque, maître *Roques* arrivoit tout frais moulu de Paris, où il s'étoit fait envoyer en qualité de Député de l'Affemblée primaire des Cabannes, pour y porter le vœu de cette Affemblée pour l'acceptation de la Conftitution. Il avoit provoqué, en cette qualité, la loi du 17 Septembre contre les gens fufpects, & il étoit bien jufte qu'il s'empreffât, de retour dans fon village, de faire, aux yeux de fes concitoyens, l'effai d'une inftitution nouvelle à laquelle il avoit pris une part auffi active. *Roques* n'avoit pas encore été compté, jufqu'à cette époque fameufe, au nombre des patriotes. Son génie révolutionnaire ne s'étoit pas encore développé. Il avoit vécu obfcur & ignoré : il falloit bien qu'il fe fît connoître par quelque coup d'éclat.

Il faut favoir que notre héros révolutionnaire a toujours été rétif aux confeils de la prudence, qui l'avertiffoit de confulter long-temps fon efprit & fes forces, qui l'invitoit à réfléchir qu'un corps débile & ruiné loge rarement une ame forte & généreufe, & qu'un chef de parti, dans une révolution fur-tout, ne peut long-temps foutenir fon crédit, fans des qualités éminentes qu'il n'a pas.

Plût au Ciel ! qu'il eût été plus docile à ces leçons ; il eût épargné des larmes bien amères à fes concitoyens ; il eût évité des remords bien cuifans, & il m'eût épargné, à moi-même, l'amertume de tracer, avec le burin févère de la vérité, le cata-logue des honteux forfaits dont il a fouillé fa chétive exiftence.

Roques nous a déja dit, & il nous répétera plus d'une fois pour fa juftification, qu'on ne peut lui contefter la gloire d'avoir clabaudé contre les Commiffaires civils, de s'être agité dans la Société populaire de Foix pour que leur conduite fût dénoncée, d'avoir même voulu fe faire députer à Paris pour provoquer la punition de leurs abus de pouvoir.

Mais, penfes-tu nous avoir ébloui par ce zèle apparent pour la défenfe des opprimés? Penfes-tu que nous te tiendrons compte de ces vociférations bannales que tu prodiguois dans ce temps-là, tantôt contre les bons, tantôt contre les mauvais citoyens? Penfes-tu d'ailleurs que quelqu'un ignore les motifs qui te faifoient agir? Ne fait-on pas, qu'après avoir été le *Plat-valet* de ces Commiffaires civils, tu ne fis fchifme, avec eux, qu'à caufe du reffentiment que tu éprouvas de la deftitution de ton beau-père; que tu n'ofas même les attaquer qu'après qu'un Décret de la Convention leur eut ôté leurs pouvoirs, & que tu ne les as jamais combattus que quand ils ont été à terre.

C'eft ainfi que les Membres du Décemvirat s'honoroient auffi d'avoir abattu Robefpierre.

Il faut, en vérité, que *Roques* ait bien préfumé de la bonhommie & de la légéreté de fes concitoyens, pour avoir eu la prétention d'invoquer leur reconnoissance sur son astucieuse conduite à l'égard des Commissaires civils.

Mais, quand il seroit vrai qu'il eût réellement contribué à abattre leur tyrannique puissance, se seroit-il flatté de nous faire oublier qu'il étoit cent fois plus dangereux que ces mêmes Commissaires civils.

Leur despotisme étoit du moins passager dans le Département : mais la féroce démagogie de *Roques* y étoit permanente. La notoriété publique l'a désigné comme ayant été alternativement le Père Duchêne, le Marat, le Robespierre, le Couthon de la Société montagnarde de Foix, le Dénonciateur intarissable des citoyens les plus estimables, le Promoteur sanguinaire de la secte des Niveleurs, le Propagateur le plus ardent du Vandalisme, & en un mot, le Patron des Cannibales & des Terroristes.

Combien de fois n'a-t-il pas occasionné des crispations de nerfs aux patriotes honnêtes & sensibles, qui ont eu la douleur de le voir figurer dans la Tribune du crime & de l'anarchie ? Et certes, ce ne sont point là des reproches vagues que je lui adresse ; la mémoire en est récente, & tous les habitans de Foix peuvent rendre témoignage de la vérité sur ce point. Quelles que soient leurs opinions, à quelque parti qu'ils soient attachés, je les interpelle tous : que quelqu'un me démente, & je tiens *Roques* pour un Philanthrope & pour un ami de l'humanité & de la vertu.

Mais je ne finirois point fi je voulois donner ici
le détail des fureurs ultra - révolutionnaires qui
depuis le 31 Mai font forties du cerveau & les
poumons du fervile imitateur du trop fameux
Père Duchêne.

Un trait peindra cet être atrocement ridicule
dans fes prétentions démagogiques qui avoit pouffé
jufqu'au délire la manie des incarcérations & des
dénonciations.

La plûpart des citoyens de Foix fe trouvoient
détenus comme fufpects, par le foin qu'il avoit
pris de les dénoncer comme tels, en fa qualité
de Membre du Comité Révolutionnaire de cette
Ville. Ils ne pouvoient donc plus fournir un aliment
à fa fureur dévorante d'embaftiller fes concitoyens.
Il fe mit alors en tête par un délire qui nous
rapelle le fouvenir du fameux Don Quichotte
de la Manche, quoique le principe en fut
bien différent, de fe faire armer, par la Société
de Foix, Chevalier-dénonciateur-errant.

L'efprit rempli de cette noble penfée, il an-
nonce à la Société une *grande conjuration* à
déjouer dans la Capitale de la Cerdaigne Efpagnole,
alors occupée par les Troupes Françaifes, & dont
l'Adminiftration Civile avoit été confiée au citoyen
Roca, un de mes anciens collègues de l'Affemblée
Conftituante, homme d'honneur & de probité, &
d'un civifme pur & éclairé.

Il affirme à la Société, que les fubfiftances de

l'Armée font livrées aux dilapidations & à la
cupidité ; que la malveillance les détourne de leur
véritable deftination, & qu'il eft urgent d'envoyer
un Commiffaire, au nom de la Société, pour fur-
veiller cette Adminiftration, & la dénoncer aux
Repréfentans du Peuple. On eut beau combattre
fa motion, faire obferver que cette démarche
feroit anarchique ou tout au moins injurieufe aux
Sociétés de Tarafcon, des Cabannes, d'Ax & de
Puycerda qui, étant plus à portée des lieux que
celle de Foix, n'auroient pas manqué de dénoncer ces prétendus abus, s'ils avoient quelque
réalité.

Notre Chevalier - errant n'étoit pas tout-à-fait
auffi défintéreffé que Don Quichotte ; il s'avoit
très-bien que deux mille écus étoient attachés
aux fonctions d'Adminiftrateur de Puycerda ; il
fe trouvoit alors fans place & fans argent, &
il efpéroit pouvoir facilement culbuter un ex-
conftituant à caufe de la défaveur qui étoit
alors attachée à ce titre dans l'efprit du Décemvirat.
Il infifte donc vigoureufement pour faire prévaloir
fon urgente motion, & il parvient à fe faire
inveftir, en dépit du fens commun, de la qualité
de Plénipotentiaire de la Société montagnarde
de Foix.

Alors, armé de pleins pouvoirs, & revêtu
d'une triple cuiraffe d'impudence & de fourberie,
il part pour Puycerda, où il ne trouve, comme
l'on penfe bien, que des contre-révolutionnaires
& des confpirateurs. Il vole tout effoufflé auprès

des Repréfentans du Peuple, près l'Armée des Pyrénées Orientales. Il leur étale fes découvertes patriotiques : il provoque des deftitutions, des incarcérations contre ceux à la place defquels il efpéroit fe glisser.

Sans doute que la fagacité des Repréfentans les garantit de fa féduction ; car, après avoir envoyé des Commissaires fur les lieux, ils furent convaincus de l'étourderie & de l'impofture du Député de la Société montagnarde, dont les démarches empressées n'eurent d'autre fuite que de le couvrir d'une confufion à laquelle il étoit depuis long-temps infenfible.

Je ne parlerai pas de la motion que notre énergumene fit dans la Société Populaire de Foix, dans le mois de Mai 1793, tendante à envoyer des Commissaires auprès de l'Adminiftration du Département pour demander l'arreftation de tous les Prêtres, de tous les Nobles, & qui plus eft de tous les foi-difant tels.

Il étoit à cette époque en correfpondance fuivie avec *la Pique* de Foix, qui étoit alors à Paris, & il m'a été affuré qu'il ne manqua pas de lui communiquer la triviale fortie qu'il venoit de faire, en lui affurant qu'il pouvoit fe repofer fur lui, du foin de mettre au pas de & révolutionner la Commune de Foix.

Mais à quoi bon fatiguer le lecteur du récit de toutes les vociférations bannales de *Roques* dans la

Société de Foix. ? elles retentiffent encore aux oreilles de ceux qui l'ont fréquentée ; & ceux qui ne les ont pas entendues préfumeront facilement que ce perroquet, élevé à l'école des grands maîtres qui ont illuftré la Jacobinière, n'a laiffé échapper aucune occafion de vanter les bienfaits de la Sainte Guillotine, de lancer fes ruades contre les modérés, contre les apitoyeurs, contre les crapauds du marais. Il tenoit une guillotine toujours prête à frapper le premier qui parleroit de paix, avant que tous les tyrans de l'Europe euffent été culbutés de leur trône ; & qu'en un mot, il n'a négligé aucune des formes, aucune des allures qui caractérifoient, dans ce temps-là, le Sans-Culotte le plus accompli.

Il eft temps de fortir de cette fociété ou plutôt de ce repaire, où notre héros a fi opiniâtrément profeffé la plus dégoûtante démagogie, la plus funefte déraifon, & les plus fanguinaires maximes.

Je ferois très-difpofé à lui accorder pour tous ces écarts le pardon qu'il invoque dans fon libelle, & à inviter le public à partager mon indulgence.

Mais j'ai déja inftruit ce public que *Roques* étoit Membre du Comité Révolutionnaire de Foix ; on attend, fans doute, pour le condamner ou pour l'abfoudre, que je rende compte de la conduite qu'il a tenue pendant cette épouvantable magiftrature.

Vous allez frémir, amis de l'humanité ! lorfque vous apprendrez que ces maximes féroces & fanguinaires que *Roques* a manifeftées à la tribune de la Société Populaire , il les a mifes en pratique dans l'exercice du pouvoir qui lui étoit confié.

Il n'a pas héfité de noter comme contre-révolutionnaires tous les citoyens de Foix qui poftérieurement & par une fuite de fes effroyables profcriptions ont été, les uns traduits au tribunal ou pour mieux dire au coupe-gorge révolution-naire, les autres transférés dans les prifons de Touloufe, & dévoués à monter, à leur tour, fur l'échafaud , ou a être égorgés en maffe , felon les projets connus du Décemvirat.

Vainement tenteroit - il, fur ce fait, d'écarter la vérité qui le preffe & qui l'accufe. Sa fignature tracée en caractères de fang fur la fatale lifte qu'il envoya au Comité de Sûreté générale, eft un témoin muet qu'il ne peut récufer ; & qu'il n'aille pas nous dire que c'eft par erreur ou par condefcendance pour fes collègues du Comité, qu'il a figné les liftes de profcription : perfonne n'ignore qu'il dominoit le Comité révolutionnaire, & que plufieurs de fes collègues, au contraire, ont penché, dans plufieurs occafions, vers des mefures de clémence qu'il a combattues avec un acharne-ment & une perfévérance qui indiquent affez la noirceur & la perverfité de fon ame.

Tourmenté par la crainte de voir échapper quel-qu'une de fes victimes, il a conftament obfédé les Repréſentans du Peuple qui ſont venus dans le Département pour y exécuter des meſures de rigueur. Il ne les abordoit jamais ſans un tome de dénonciations ornées de variantes. Il a, non ſeulement entravé leur indulgence, mais il a voulu ſouvent les mettre dans l'impoſſibilité de rendre juſtice à des victimes innocentes :

CHAUDRON-ROUSSEAU peut atteſter le fait que je vais raconter.

Ce Repréſentant, ayant communiqué à *Roques* ſon projet de mettre en Liberté le citoyen Teulade qu'il croyoit innocent, & dont la fille alloit épouſer un général de la République, il lui fit quelques ouvertures ſur le deſir qu'il avoit d'être ſecondé dans cet acte d'humanité & de bienfaiſance par le Comité révolutionnaire ; l'impitoyable *Roques*, répondit froidement au Repréſentant, qu'il falloit renoncer à ſes vues en faveur de Teulade : que cet homme étoit un ariſtocrate, & qu'il ne pouvoit obtenir ſa liberté.

Dans une autre occaſion, c'étoit le 20 Floréal, dans un dîner auquel il avoit été invité, après avoir exalté ſon zèle & ſa perſévérance à exterminer ceux qu'il appeloit ariſtocrates, il affirma qu'il n'en connoiſſoit pas de plus dangereux, dans le Département, que Garrigou, alors détenu à Touloufe ; & il ajouta qu'il étoit indécent que cet homme en fut quitte pour une ſimple détention, tandis que, depuis long-temps, il auroit dû être conduit au Tribunal révolutionnaire ; que du reste lui, *Roques*, avoit écrit à Vadier pour qu'il y fût incessamment traduit, & que, sous peu de jours, on verroit le résultat de ses démarches.

S'il osoit nier ce propos, six convives qui sont pleins de vie, & qui doivent se le rappeller parfaitement, sauroient bien l'attester.

Et c'est ce même homme que nous allons voir tout à l'heure figurer comme Administrateur du District dans la Ville de Tarascon, où, en arrivant, il ne rougit point d'aller demander l'hospitalité & d'accepter un logement chez ce même Garrigou, contre lequel il avoit dirigé ses poignards homicides. Le Bourreau & la victime ont long-temps habité sous le même toit.

Mais qui ne croiroit, après la lecture du libelle publié sous le nom de *Roques*, au ton de suffisance & de sécurité qu'on y affecte, que du moins il a eu l'adresse, si non la bonne-foi, de changer son ton & son allure après le 9 Thermidor ; que son ame s'est épanouie aux rayons de l'astre bienfaisant qui alloit vivifier nos contrées désolées, & qu'il a répandu un baume salutaire sur les plaies que la tyrannie avoit ouvertes.

Détrompez vous encore, chers concitoyens, de cette douce erreur, & apprenez à connoître cet impudent sycophante. Lisez l'opinion imprimée sous son nom qu'il fit circuler, quelque temps après le 9 Thermidor, dans toutes les Sociétés Populaire du Département, & vous y trouverez encore les maximes du plus fouguéux jacobinifme. Vous y verrez qu'il fonne le tocfin fur les modérés, fur les ap.royeurs, fur les prêtres & fur les nobles : vous y verrez qu'il ne veut point que la foudre révolutionnaire foit fufpendue avant que tous les prétendus ennemis de la chofe publique aient été exterminés, & que tous les trônes aient été renverfés : qu'il invite enfin la Convention à donner la plus grande activité aux Comités révolutionnaires, dont il étoit encore membre.

Ne foyez point furpris de la tournure amphibologique qui règne dans cette production ; l'auteur héfitoit encore fur la nouvelle direction qu'il devoit prendre.

Les événemens poftérieurs ayant dilucidé fon efprit, fans modifier fon cœur, il prit enfin fon élan en apparence dans le fens de la Révolution du 9 Thermidor, & fe réfervant toujours un premier rôle dans cette nouvelle carrière, il n'a trouvé d'autre moyen de fe fauver de l'opprobre qui l'environnoit, que de terrorifier, par un nouveau fyftême, tous ceux qui n'avoient point oublié fa conduite paffée.

Vous avez en effet été témoins du fuccès éphémère de cette combinaifon. Quelques vrais amis de la Liberté, quelques patriotes honnêtes, ont été épouvantés du crédit emprunté qu'il avoit fu fe ménager, & ils fe font bien doutés qu'il ferviroit toutes les vengeances particulières, pour détourner la vengeance publique qui plane depuis long-temps fur fa tête.

Tel eft effectivement l'ufage qu'il a fait de fes pouvoirs dans l'Adminiftration du Diftrict, où il parvint à fe placer.

C'eft là que le Vizir infolent, foulant aux pieds toutes les formes, dédaignant, le plus fouvent, de confulter fes Collègues, a élevé de nouveaux autels à la Terreur. Il accueilloit, d'un fourire de protection, les ames viles qui alloient offrir de l'encens à l'idole du jour, & il frappoit de profcription, fous le nom de terroriftes, tous ceux qui refufoient de fléchir le genoux devant le nouveau Mamamouchy.

Il a long-temps difpofé des places lucratives en faveur de fes fidèles créatures; & s'il a eu quelquefois la politique de propofer, pour des fonctions publiques, des citoyens vertueux, il ne l'a fait que pour mieux colorer fon defpotifme, & faire fupporter plus patiemment fa tyrannie.

Satrape infolent & orgueilleux! tu n'as pu trouver en moi cette docilité à laquelle tu voulois affervir nos contrées, fous le fpécieux prétexte d'y propager les principes de la Convention nationale que tu abhorres; le défefpoir de ne pouvoir me façonner à ton joug t'a fait concevoir la coupable penfée de me perdre.

Eh! quels moyens grand Dieu! as-tu employé pour accomplir ton finiftre projet. Tu as déchaîné contre moi des parens aigris par des motifs dont la connoiffance n'intéreffe point le public. Tu as aiguifé les paffions & les reffentimens de mon frère

& de mon couſin germain, que tu as avili pour me perdre, au point de les faire ſervir d'inſtrumens de tes vengeances. Tu t'es ſervi de l'aveugle fureur dans laquelle tu les as entraînés : tu as abuſé de leur inexpérience, au point de leur faire porter une main ſacrilège ſur leur propre ſang ; épouvantés de ton crédit & de tes menaces, ils ont pouſſé le délire juſqu'à venir déſarmer, par tes ordres, & frapper de proſcription leurs plus proches parens & leurs plus vertueux concitoyens.

Eh puis tu es étonné que le Comité de Sûreté générale de la Convention nationale ait réparé tes injuſtices, & qu'il nous ait défendu contre ton impitoyable reſſentiment. Tu as l'audace de croire & d'affirmer que j'ai ſurpris la religion de quelques Repréſentans du Peuple & du Comité de Sûreté générale de la Convention, & que la juſtice qui m'a été rendue eſt le fruit de mes machinations.

Détrompe-toi miſérable ! de cette étrange illuſion injurieuſe aux Repréſentans du Peuple que tu inſultes dans ton délire : ceſſe de te nourrir de cette ridicule chimère. Saches que c'eſt l'expoſé franc & loyal de notre conduite, & le ſimple envoi des procès-verbaux, dreſſés & ſignés en préſence des Commiſſaires du déſarmement, qui ont éclairé le Comité, & qui bientôt éclaireront l'Adminiſtration du Département, malgré les reſſorts que tu fais agir pour nous fermer la porte du ſanctuaire de la juſtice, malgré les plates calomnies qui ont été entaſſées contre nous, & malgré le parti que tu voudrois tirer des circonſtances, pour faire triompher tes ſiniſtres projets.

Refpirons un moment, & laiffons à fes remords, fi on peut l'y croire fenfible, le monftre qui a calculé fi froidement notre perte.

Il eft temps de répondre aux interpellations infignifiantes qui me font adreffées dans le libelle de *Roques*, & aux abfurdes calomnies par lefquelles il a voulu me noircir dans l'opinion.

Il a l'effronterie d'affirmer que je fervois de *Plat-valet* aux Commiffaires civils & à l'Armée révolutionnaire : que je les avois appellés dans ma Commune, & intruduits dans les maifons pour les dévafter.

Prouve ces faits, impudent calomniateur, ou confens à paffer pour un fourbe.

Eft-ce que tu feins d'ignorer que lorfque l'Armée révolutionnaire parut à Saurat, ayant Grouffac & Piquier à fa tête, elle avoit été envoyée, principalement dans cette Commune, dans l'intention de me mettre perfonnellement en arreftation ? que je fus arraché, pendant la nuit, des bras de mon époufe, avec les plus finiftres préfages ; que Grouffac ne diffimula pas les ordres qu'il avoit de me conftituer prifonnier, & qu'il fallut, pour détourner l'orage qui me menaçoit, que tous mes concitoyens élevaffent leur voix en ma faveur, & me témoignaffent, dans cette occafion, ce tendre intérêt qui me dédommagea fi complètement de tous les facrifices que j'avois fait à la chofe publique, & des fervices que j'avois rendus à ma Commune.

Ignores-tu, ou feins-tu d'ignorer que le Commiffaire Baby, qui attendoit à Tarafcon la victime que lui avoit défignée Vadier, fe récria publiqûement, au retour de l'Armée révolutionnaire, de ne pas me voir traîner la fuite de cette Armée, & qu'il promit folemnélement que je ne lui échapperois pas ? Que poftérieurement, Baby s'étant rendu en perfonne dans notre Commune, il fut forcé lui-même, ainfi que Grouffac, à me rendre juftice ; & que c'eft ma conduite feule qui m'a conftamment défendu contre l'acharnement de Vadier mou plus implacable ennemi ?

Roques ou fes pareils font capables, fans doute, de fe prêter à la dévaftation des maifons. Quant à moi, je ne m'avilirai pas au point de me juftifier de cette lâche & abfurde inculpation ; il faut que chez *Roques* l'aliénation de l'efprit égale la perverfité du cœur, puifqu'il a eu la mal-adreffe & la méchanceté de m'adreffer des reproches de cette nature.

D'ailleurs le fait tombe de lui-même, puifque aucune maifon n'a jamais été dévaftée dans la Commune de Saurat.

Quels font les citoyens que tu prétends avoir été vexés par moi? Il t'en coûte bien peu de m'adreffer ce reproché vague & infignifiant, mais il te feroit mal-aifé de le prouver.

Je vais t'apprendre, moi, de quelle manière j'ai vexé mes concitoyens. Maire, ou Procureur de la Commune, élu par le Peuple, depuis mon retour de l'Affemblée conftituante jufqu'aujourd'hui, j'y ai conftamment maintenu une paix profonde qui n'a jamais été altérée que très-momentanément, dans les deux circonftances les plus critiques de la Révolution pour notre Département. Ces deux époques font celles du recrutement & de la deftruction violente du culte. Quelques coupe-jarrets, couverts de crimes, & nourris dans le brigandage, dans la claffe en un mot de ces êtres connus fous le nom de mauvais garnemens, & quelques fanatiques égarés, ayant excité des troubles qui pouvoient tirer à de fàcheufes conféquences, s'ils n'euffent été promptement étouffés dans leur fource, néceffitèrent l'envoi de quelques Brigades de Gendarmerie, que le Département & le Diftrict firent paffer dans notre Commune. Les auteurs de ces troubles, dont quelques-uns furent traduits devant l'Accufateur public, furent punis, les uns de quelques mois, & les autrés de quelques jours d'emprifonnement, & la tranquillité fut parfaitement rétablie.

Hors ces deux époques, cite-moi quelqu'un qui ait été dénoncé par moi, ou même par la Municipalité de Saurat, à titre de fufpect, ou qui ait été arrêté par fuite de nos dénonciations?

Les feuls citoyens, arrêtés à ce titre, font, le citoyen Delpla un des Commiffaires que *Roques* avoit nommé pour notre défarmement, & le citoyen Deffort. Le premier fut arrêté par ordre du Repréfentant CHAUDRON-ROUSSAU lors de fon dernier paffage à Tarafcon; car ce Repréfentant n'a jamais paru dans notre Commune. Il eft de notoriété publique que ce citoyen avoit été désigné à Chaudron-Rouſſau par le Comité de Sûreté générale pour être traduit au Tribunal révolutionnaire. Il fut élargi environ quinze jours après ſon arreſtation. La commune de Saurat, non plus que la municipalité, n'y ont pris aucune part.

Quant au citoyen Deſſort, il fut arrêté par ordre du Comité révolutionnaire de Perpignan, ſous prétexte de quelque correſpondance trouvée au camp du Boulou. La Municipalité ſe donna tous les mouvemens poſſibles pour faire connoître la mépriſe qui avoit été commiſe à ſon égard, & il fut élargi.

Voilà les ſeules perſonnes de la commune de Saurat qui aient été englobées dans les malheurs qui ont précédé le 9 Thermidor. Nous ne diſcuterons pas ici les motifs de leurs arreſtations auxquels nous ſommes abſolument étrangers : cet examen eſt inutile.

Je puis donc défier hardiment les plus déhontés calomniateurs de m'accuſer, avec fondement, d'être l'auteur de la moindre dénonciation, de la moindre arreſtation arbitraire.

Que *Roques* interroge mes concitoyens : ils lui rendront compte de ma vie privée & de ma conduite publique. Ils lui diront que pendant tout le cours de la Révolution, me renfermant dans l'exercice pénible de mes fonctions, je ne ſuis point ſorti de ma commune, à moins que le devoir de ma place m'ait appellé au District ou au Département. Ils lui diront que, non seulement j'ai travaillé nuit & jour à procurer au peuple nombreux d'une commune sans ressources, des subsistances faciles, mais que j'ai sacrifié mes grains & mes denrées de toute espèce à alimenter les plus indigens d'entr'eux : que tant que mes greniers ont été remplis, aucun d'eux ne s'est retiré de chez moi les mains vuides, dans un temps où le *Maximum* faisoit resserrer effroyablement les subsistances, que j'ai constamment livrées au taux prescrit par la loi.

Ils lui diront que, lorsque j'ai été forcé d'adresser des réquisitions, aux habitans de la commune, pour les besoins de l'Armée, j'ai fermé la bouche à tous ceux qui auroient voulu s'y soustraire, en leur donnant l'exemple des sacrifices, qui ont toujours surpassé mes facultés & mon devoir ; qu'en un mot, m'étant réduit au plus strict nécessaire, mes revenus n'ont été employés que pour le besoin de l'Armée, ou pour ceux de mes concitoyens.

Ils lui diront que le temps qu'il m'étoit possible de dérober aux soins de l'administration, je l'employois à terminer gratuitement les contestations judiciaires, à cimenter la paix dans les familles, & qu'il ne s'est peut-être pas fait dix arbitrages dans le Canton, sans que j'aie été pris pour arbitre par quelqu'unes des parties, ayant donné l'exemple de remplir, avec désintéressement & sans rétribution, ces pénibles fonctions.

" Perfide *Roques !* que ne donnerois-tu pas

aujourd'hui pour pouvoir te rendre, à toi-même & au public, un compte aussi naïf & aussi satisfaisant de ta conduite ?

Voilà ce que je faisois pendant que tu te montrois sur les treteaux de l'intrigue & du charlatanisme ; pendant que tu t'appliquois à démoraliser le Peuple & à lui faire détester la Révolution.

Tu me demandes ce que je faisois pendant que tu luttois contre les Commissaires civils, & que dans une séance qui se tint à Foix, le 4 Nivôse en 2, en présence du Représentant PAGANEL, composée des Commissaires des Sociétés Populaires du Département, tu t'élevois avec véhémence contre l'inconduite des Commissaires civils, & notament contre le drole de Groussac.

Il ne me sera pas difficille de te répondre : d'abord, tu mens ou tu te trompes, quand tu dis que j'étois un des Commissaires des Sociétés Populaires. J'avois été envoyé, avec le citoyen Pagés mon oncle, auprès du Représentant PAGANEL par le Conseil général de notre Commune pour lui peindre sa situation déplorable à l'égard des subsistances, & lui demander quelques secours. Je me trouvai accidentellement dans la chambre du Représentant, en présence, des Commissaires des Sociétés Populaires, au nombre desquels j'appris que tu étois : car je ne te connoissois pas à cette époque.

Je vis bien un homme à figure blême & décharnée bégayant quelques plaintes vagues & infignifiantes contre les Commiffaires civils. Je préfume que l'orateur étoit toi. Tu perdis la mémoire au milieu d'une période commancée, & tu fus auffi-tôt interrompu par le Repréfentant PAGANEL, qui invita les Commiffaires à fe raffembler le foir même, pour lui préfenter la lifte des fujets qui paroîtroient les plus propre à remplir les fonctions publiques.

Voilà tout ce que je me rappelle de cette féance, où je n'avois que faire, & où il eût été bien impertinent, de ma part, de prendre la parole.

Nous allions nous retirer, le citoyen Pagés & moi, lorfque la plûpart des Commiffaires des Sociétés Populaires, nous engagèrent à refter & à concourir avec eux au travail relatif à la compofition des Autorités conftituées. Nous nous défendîmes long-temps contre cette invitation ; mais enfin nous fûmes obligés de céder aux inftances réitérées des Commiffaires, & nous affiftâmes à la féance qui fut confacrée à la compofition des Autorités conftituées.

Le lendemain la lifte des Adminiftrateurs fut préfentée au Repréfentant PAGANEL qui n'y eut aucun égard : nous voulûmes profiter de cette occafion pour obtenir la liberté du Curé de notre Commune, alors détenu au Château de Foix ; nous fimes à c'eft égard de vaines tentatives auprès de Grouffac, qui nous donna cependant de grandes espérances sur son prochain élargissement. Nous fûmes plus heureux à l'égard du citoyen Deguilhem, dont nous obtinmes la mise en liberté, & nous nous retirâmes dans notre Commune pour y rendre compte de notre mission.

Pendant le court séjour que nous fimes à Foix, nous eûmes occasion d'assister à une séance de la Société Populaire, à laquelle le Représentant PAGANEL se rendit : nous partageâmes la reconnoissance publique en faveur du citoyen Duran de St. Girons, qui déploya de grands moyens dans cette séance contre les Commissaires civils, qui proclama les vrais principes de la Liberté, & dont nous admirâmes la vertueuse énergie.

Quant à moi, n'étant doué que d'une très-médiocre facilité pour m'exprimer dignement en public, qu'aurois-je pu ajouter aux discours vraiment éloquents de cet orateur ? & puis ma qualité d'ex-constituant qui à cette époque étoit un titre de proscription au premier chef, me condamnoit au silence. Au lieu de servir la cause pour le succès de laquelle je faisois les vœux les plus ardents, je n'aurois pu que lui nuire.

Le peuple de Saurat qui comptoit sur notre zèle & qui attendoit, avec impatience, le résultat de nos démarches pour l'accomplissement de ses desirs, c'est-à-dire, pour le retour du Curé dans la Commune, se trouvoit assemblé dans l'église, au moment de notre arrivée. Nous apprîmes qu'il régnoit dans cette assemblée beaucoup d'effervescence ; nous nous y rendîmes aussi-tôt pour communiquer au Peuple ce qui s'étoit passé à Foix.

Nous peignîmes, avec toute l'énergie dont nous étions capables, toutes les circonstances de la séance de la Société Populaire, le succès qui avoit été obtenu contre l'autorité monstrueuse des Commissaires civils, & les espérances qui nous avoient été données sur le prochain élargissement du Curé que nous avions visité au château de Foix.

Je me souviens très-bien que dans cette circonstance, le citoyen Pagés, mon collègue, se déchaîna contre les Commissaires civils au point d'annoncer au Peuple que *es* Membres de cette Commission aloient être *enchaînés & conduits ignominieusement à Paris*, où il en seroit fait une *éclatante justice*. En un mot, nous répandîmes la joye dans toutes les ames, & nous reçûmes les témoignages les plus éclatants de la satisfaction publique.

Quelque temps après, je fus député par ma Commune auprès des Représentans du Peuple, en séance à Toulouse, pour aller encore demander l'élargissement du Curé. Je m'étois mis en route, pour remplir cette mission périlleuse, lorsque des circonstances imprévues, qu'il seroit long & inutile de raconter, me firent retrograder.

Je n'ignore pas que la malveillance la plus

acérée a répandu fes poifons fur mes innocentes démarches, & qu'on s'eft exercé à perfuader au public, qu'il exiftoit, entre moi & les Commiffaires civils, des rélations intimes.

On a cru tirer grand parti, fur-tout, d'un voyage que ma femme fit de Foix à Tarafcon avec ces Commiffaires, & on n'a pas laiffé échapper l'occafion de faire rejaillir fur moi l'énorme forfait qu'on lui impute d'avoir, à leur invitation, joué de la harpe & chanté, dans l'églife de Tarafcon, l'hymne des Marfellois & quelques autres chanfons patriotiques : auffi a-t-on eu grand foin de déguifer les motifs & le fujet de cette complaifance.

Hommes de bonne foi ! on fe garde bien de vous dire que le père de ma femme venoit d'être arrêté & conduit à Tarafcon par la Gendarmerie ; que ma femme, que la piété filiale avoit conduit à Touloufe, revenoit de cette ville où elle s'étoit tranfportée pour faire connoître au Comité révolutionnaire l'innocence de fon père : qu'à fon retour elle rencontre à Foix les Commiffaires civils, auxquels cette affaire avoit été renvoyée, & qu'elle ne put par conféquent fe difpenfer de s'adreffer à eux pour en obtenir juftice.

Les Commiffaires civils l'accueillirent avec bienveilance, & l'ayant accompagnée jufques à Tarafcon, ils l'invitèrent à vouloir employer fes talens pour la mufique, à embellir la féance publiqué qu'ils fe propofoient de tenir ce foir là.

Interrogeons le cœur des citoyennes vertueufes & fenfibles, après les avoir placées dans la pofition de ma femme ? Elles nous répondront toutes qu'elles n'auroient point héfité à déférer aux vœux des Commiffaires civils. Il faudroit être bien étranger aux premiers fentimens de la nature pour criminalifer une action innocente en elle-même & commandée par le devoir le plus impérieux, & par les circonftances les plus preffantes.

Avortons de l'efpèce humaine ! ames de boue ! qui vous plaifez à tout empoifonner, infultez auffi au généreux dévouement des époufes & des mères qui ont bravé l'opprobre & l'ironie pour arracher leurs pères, leurs fils & leurs époux aux horreurs de l'échafaud : declarez-les complices des tyrans, ou du moins terniffez léur gloire & leur conftance.

Mais comment *Roques* pourroit-il concilier la connivence, qu'il me fuppofe avec les Commiffaires civils, avec la lifte de profcription qui fut envoyée à CHUADRON-ROUSSAU par Baby, l'un de ces Commiffaires, dans laquellé lifte je me trouve compris avec ma femme & mon beau-pere, pour être traduits au Tribunal révolutionnaire, qui à cette époque ne jugeoit plus, mais égorgeoit les prévenus.

Roques, peut-il s'ennorgueillir de cette honorable profcription ? non , fans doute ; il fe trouvoit trop naturellement placé dans la claffe des élus qui devoient être utilifés pour la dépopulation de la France.

Roques, ne me conteftera pas , fans doute, que c'eft à la Révolution du 9 Thermidor , que je dois la confervation de mes jours ; & ce qui m'eft bien plus précieux encore, la réfurrection de mes plus intimes amis , dont la tyrannie m'avoit ifolé, & qui devoient me précéder à l'échafaud.

C'eft une vérité démontrée, & cependant *Roques* a la fottife ou la mauvaife foi de fuppofer que j'ai mis des obftacles à l'élan fublime que le Peuple manifefta , après cette époque , contre fes oppreffeurs.

Il faudroit d'abord me conftituer en démence pour faire prévaloir cette étrange affertion , lors même qu'elle ne feroit pas fuffifament démentie par la notoriété publique , qui dépofe en ma faveur : que j'ai prêché fur les toits les principes de la Convention Nationale , après qu'elle a été délivrée de l'oppreffion ; que je me fuis fortement prononcé dans toutes les occafions , & même en préfence du citoyen *Roques* lui - même , malgré qu'il ofe infinuer le contraire , contre les terroriftes , contre les zélateurs de la fecte jacobite , & contre tous les agens du vandalifme & de l'anarchie.

Je puis à cet égard interpeller hardiment tous

ceux avec lesquels j'ai eu des converfations publiques ou particulières. Ils ont entendu fouvent ma profeffion de foi fur les événemens politiques qui fe font fuccédés depuis le 9 Thermidor : elle n'a point varié. *Triomphe de la République, règne des Loix, tolérance religieufe & politique, répreffion des turbulens & des factieux à quelque fecte qu'ils appartiennent, ralliement à la Convention nationale :* telles font les maximes & les opinions que j'ai ouvertement manifeftées.

Qu'aucune faction oppofée à ces principes ne me compte parmi fes profélites ? Que les partifans de la Terreur & du Robefpierrifme me mettent au nombre de leurs plus implacables ennemis ? Que ceux qui nourriffent des reffentimens particuliers, & qui méditent des vengeances, n'attendent de moi aucune condefcendance? Les feuls amis de la Patrie, de l'indépendance du Peuple français & de la tranquillité publique, me trouveront conftamment rallié à leurs banières.

D'après ces principes, j'ai envifagé comme le comble de l'opprobre, que les habitans de l'Ariège, à peine affranchis de la verge de fer que le defpotifme avoit mis dans la main d'une troupe d'énergumènes, connus fous le nom de patriotes excluíifs, aient fubitement paffé fous le joug d'une autre efpèce de tyrans, non moins intolérans, non moins paffionnés pour la domination.

A Dieu ne plaife que je range dans cette claffe les hommes eftimables, que leurs lumières, leur

philofophie & leur exacte probité, défignent naturellement pour être les régulateurs de l'opinion, &
les confervateurs de la morale publique. Le temps
n'eft peut-être pas éloigné, où ils obtiendront tout
l'afcendant, que de fages inftitutions fociales les
appellent à exercer.

Mais qu'un *Roques*, & que des êtres de fa
trempe puiffent impunément égarer l'opinion, dif-
pofer des réputations, s'environner de cliens, re-
muer les plus viles paffions, bouleverfer à leur gré
les notions du jufte & de l'injufte, careffer tous
les vices, & abufer enfuite de notre patience, au
point de nous vanter impudemment leurs fervices :
certes c'eft une vraie calamité publique que je trou-
verois infupportable, fi le remède ne me paroiffoit
d'autant moins éloigné que le réfultat des grands
événemens qui fe fuccèdent avec une étonnante ra-
pidité, fera infailliblement de mûrir toutes les têtes,
de rétablir l'équilibre dans l'économie politique, &
de nous faire jouir en paix du fruit de cinq années
de fatigues & de combats.

Saurat, le 22 Prairial, l'an 3.ᵉ de l'ère
républicaine.

G. BERGASSE-LAZIROULE.

Nota. Au moment où je finis cet écrit, je reçois les motifs
des défarmemens qui ont été faits dans notre Commune, que
les Commiffaires du Diftrict ont remis à l'Adminiftration du
Département qui nous les a tranfmis. Nous allons répondre à
ce chef-d'œuvre de fourberie & de méchanceté. Cette tâche une
fois remplie, quelle que foit la décifion du Département, je

laisserai le champ libre aux calomniateurs, & je ne répondrai, à leurs injures & à leurs menaces, qu'en faisant des vœux pour la prospérité de la République, & en redoublant d'affection & de dévouement pour la Convention nationale ; mais je poursuivrai, devant les Tribunaux, *Roques* & ses complices, comme coupables, 1.° d'avoir participé aux horreurs qui ont pesé sur la France avant le 9 Thermidor ; d'avoir été un des agens les plus actifs de la tyrannie, en secondant tous les projets du Décemvirat, comme Membre d'un Comité révolutionnaire, en désignant, pour le Tribunal révolutionnaire, des citoyens recommandables par leur civisme & par leur probité ; 2.° d'avoir, par un système suivi de délations calomnieuses & de proscriptions atroces, attenté à la sûreté publique, à la liberté & à la vie des citoyens de la commune de Foix ; 3.° d'avoir, après le 9 Thermidor, fait les plus grands efforts, dans la Société populaire de Foix, pour perpétuer le règne du sang & de la terreur, soit par ses discours, soit par les écrits qu'il a fait circuler dans toutes les Communes du Département, afin de rallier la faction des Jacobins qui luttoit alors contre la Convention nationale ; 4.° d'avoir, postérieurement & en sa qualité d'Administrateur du District, commis des abus de pouvoir, exercé des actes arbitraires, comprimé ses collègues par la terreur, & de s'être érigé en Dictateur, en prenant des mesures violentes & tyranniques, sans le concours de l'Administration ; 5.° d'avoir fomenté des troubles & des soulévemens dans plusieurs Communes du District, & notamment dans la commune de Saurat ; 6.° d'avoir compris, dans le désarmement prescrit par la Loi du 21 Germinal, des citoyens irréprochables & dévoués à la Convention nationale ; 7.° d'avoir méchamment, & à dessein d'égarer l'opinion publique & de perpétuer le régime de la terreur & du brigandage, appliqué cette Loi en sens inverse des intentions du Législateur ; 8.° d'avoir fomenté toutes les haines, & secondé toutes les vengeances particulières, pour détourner la vengeance publique qui plane sur sa tête.

J'espère que l'Administration du Département, dont *Roques* est Membre dans ce moment, permettra qu'une discussion solemnelle s'établisse entre lui & moi dans le sanctuaire de la justice, & fixe l'opinion publique sur les hommes qui ont servi leur Patrie & sur ceux qui l'ont opprimée.

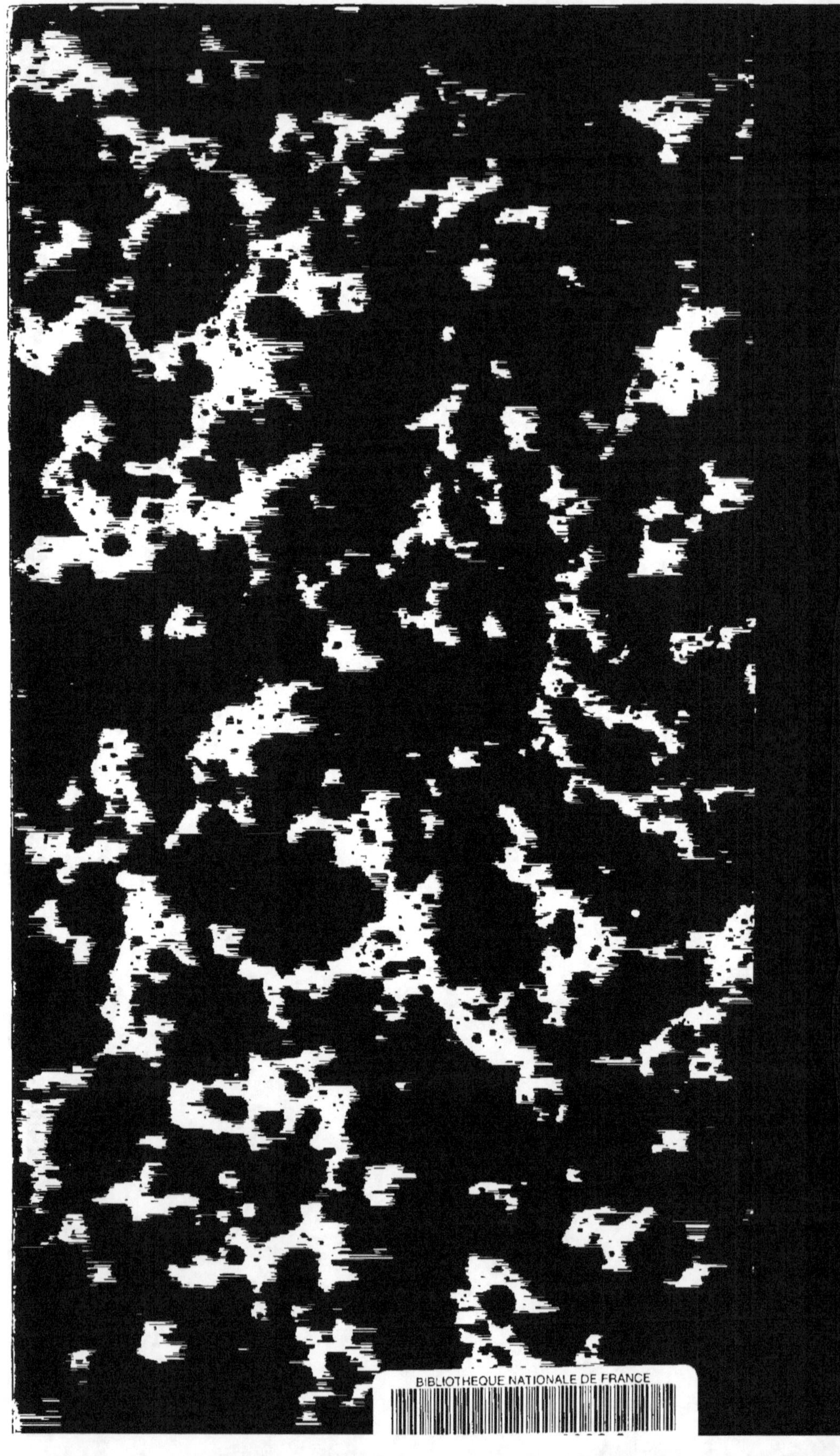